Colección
AVENTURAS 3
para

El enigma
de la carta

3

ÍNDICE

CAPÍTULOS

– Comprensión lectora
– Usos de la lengua

Los protagonistas

Andrés

Primo de Juan (los padres de Juan y Andrés son hermanos) y amigo de Rocío. Es delgado, no muy alto. Es serio, tranquilo, calculador y tiene un gran sentido de la orientación. Le encantan los ordenadores y la informática. Estudia en el colegio San José[1], de jesuitas, en Valladolid. Su padre, *Martín*, es biólogo. Su madre, *Laura*, es diseñadora de moda.

Juan

Primo de Andrés. Es muy amigo de Rocío. Es alto, fuerte y muy ágil. Tiene un carácter alegre e impulsivo y no tiene sentido de la orientación. Estudia en el instituto Zorrilla. Su padre, *Esteban*, es profesor de Educación Especial. Su madre, *Carmen*, es fisioterapeuta.

Rocío

Es muy amiga de Juan desde la escuela primaria y ahora estudian en el mismo instituto. Es alta y delgada, de aspecto frágil. Es imaginativa y le gusta la magia y la aventura. Su padre, *Fernando*, trabaja en un banco. Su madre, *Inés*, es veterinaria.

Más

La gatita encontrada en *El secreto de la cueva* y adoptada por Ándres, Juan y Rocío. *Más* vive en casa de Rocío.

---

[1] En España, en la enseñanza privada se estudia en un colegio desde los 6 años a los 18. Es decir, desde 1.º de Educación Primaria hasta 2.º de Bachillerato. En la enseñanza pública se estudia en un *colegio* la Educación Primaria. Y después se estudia en un *instituto*.

El lugar de la aventura

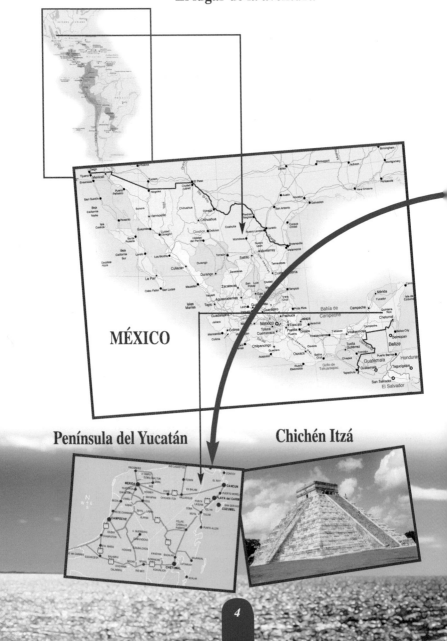

MÉXICO

Península del Yucatán

Chichén Itzá

ESPAÑA

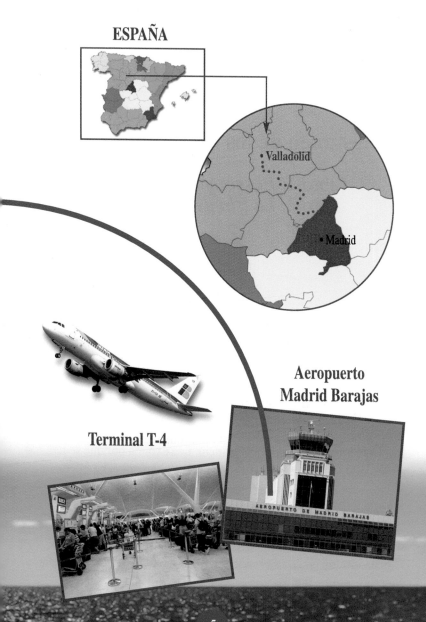

• Valladolid

• Madrid

**Aeropuerto
Madrid Barajas**

Terminal T-4

Plano de Valladolid

*Una insignia
del diablo*

*Un crucifijo con
piedras preciosas*

Resumen de los libros anteriores:

Libro 1: *El secreto de la cueva*
Libro 2: *La isla del diablo*

En las vacaciones de primavera del año anterior los tres chicos van a un pueblo, Paredes de Monte, cerca de Valladolid, a casa de los abuelos de Juan y Andrés.

En una cueva encuentran un plano de Valladolid, una carta que se lee mal, un crucifijo con piedras preciosas, una insignia del diablo y una foto con cinco jóvenes de América Central o del Sur.

Una gata, *Más*, está también en la cueva. La adoptan y la gata vive en casa de Rocío.

En verano se van a Lanzarote y allí encuentran a una persona de la foto de la cueva, Enrique. Este les da los nombres de sus amigos: Roberto, Eusebio, Miguel y Amancio. Les explica por qué se han ido de México y han venido a España. Solo Amancio se ha quedado en México y es rico. Enrique piensa que los demás están de nuevo en América.

En el avión de Lanzarote a Madrid descubren que el plano puede ser de Valladolid, en México y no en España.

Cuando los chicos se reúnen, hablan de sus aventuras pasadas y de las aventuras futuras.

Capítulo 1

Un enigma difícil

(*Juan y Andrés llegan a casa de Rocío, en Valladolid*).

Cuando entran en la habitación de Rocío, ven varias cajitas con etiquetas. Están llenas de arena. Juan coge una y pregunta:

—¿Esto qué es, Rocío?
—Pues ya lo ves, tierra. Colecciono tierra de todos los lugares donde hemos estado —responde.
—¿Y por qué?
—No sé…, para mí la tierra… es el mejor recuerdo de un lugar. Además es muy diferente de un lugar a otro.
—Yo prefiero las fotos —dice Andrés—. Con las fotos puedo soñar. El otro día las he ordenado. ¿Sabéis cuántas tengo?
—No sé, unas cincuenta —dice Juan.

—¡Huy[2], cincuenta! ¡Más del doble, tío[3]! Mira, solo las de Paredes de Monte ya son cincuenta. Y las de la isla del diablo, Lanzarote[4], son cien.

—Recordad que tenemos que solucionar el enigma de la foto de la cueva[5] —dice Juan—. No hacemos nada.

—Tienes razón. Pero es que no sabemos cómo empezar —dice Rocío.

—Hombre, algo sabemos ya. Andrés ha descubierto que el plano es de la ciudad de Valladolid en México —dice Juan.

—Sí, gracias a un reportaje en una revista[4] —dice Andrés—. Y también tenemos la carta con las palabras borradas[6]. ¿Podemos descifrarla?

—Pero ¿cómo podemos ir nosotros a México? Es imposible, ¿no os parece?

—Rocío, hay que ir por partes. Primero tenemos que saber dónde están los hombres de la foto. Luego vamos a ver cómo podemos ir a México —responde Andrés.

—La verdad es que me parece un poco difícil: México está lejos y este año… hay que trabajar mucho —dice Andrés.

—Y nosotros también. Juan y yo vamos a estar en la misma clase —comenta Rocío.

—Tenéis razón los dos. Nos espera un año terrible. Vamos a tener menos tiempo. Pero todavía tenemos una semana de vacaciones.

---

[2] Exclamación para expresar sorpresa.
[3] En lenguaje coloquial, se utiliza para designar a un amigo o compañero.
[4] Ver libro 1. *La isla del diablo*.
[5] Ver libro 2. *El secreto de la cueva*.
[6] Son palabras que han desaparecido y no se pueden leer.

¡Vamos a trabajar la pista de México!

Más quiere jugar.

—No sé lo que le pasa a _Más,_ pero está nerviosa. Ha sacado todos los tesoros de su camita: el plano, la carta, el crucifijo…
—Tengo una idea. Si tu madre nos deja, podemos ir a mi casa y mirar en internet «México» y «Valladolid» —propone Andrés.

Inés, la madre de Rocío, les da permiso y los cuatro se van a casa de Andrés. Pasan por la calle del Santuario.

— Cuando paseo por aquí, siempre miro esta casa abandonada —dice Rocío.
—Hace mucho tiempo que está abandonada. Pasa algo —añade Andrés.
—¿Y por qué no entramos un día a ver lo que hay? —pregunta Juan.
—Un día no, una noche. Si tiene fantasmas, solo salen de noche —responde Rocío.
—¡Qué cosas dices! —exclama Andrés.
—Os juro que todas las ciudades tienen casas con fantasmas. Los fantasmas viven en las casas vacías. Podemos entrar una noche y preguntarles lo que les ha pasado en su vida…
—¿Y cómo sabes tú que hay fantasmas en esa casa? —pregunta Andrés.
—Pues porque las casas que tienen fantasmas producen un efecto especial cuando pasas por delante de ellas. ¿Vosotros no sentís nada?
—Sí, claro, yo oigo al fantasma ¡hu hu!…
—¿Tú también te ríes de mí, Juan?
—Es que dices unas cosas…

Un fantasma

—Pues yo os digo que quiero hablar con un fantasma de verdad.

—Rocío, por favor, ¿cómo es un fantasma de verdad?

—Pues… no lo sé, Andrés.

—Mira, Rocío, deja los fantasmas tranquilos. Vamos a nuestro enig- 70
ma.

Los chicos llegan a casa de Andrés y se ponen a buscar por internet. Teclean: *México, Valladolid.* Y encuentran informaciones intere-
santes:

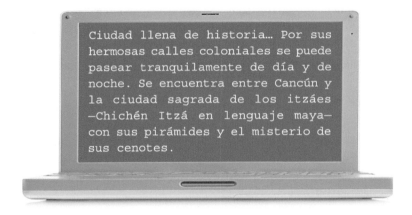

Ciudad llena de historia… Por sus hermosas calles coloniales se puede pasear tranquilamente de día y de noche. Se encuentra entre Cancún y la ciudad sagrada de los itzáes —Chichén Itzá en lenguaje maya— con sus pirámides y el misterio de sus cenotes.

—Pero yo no sé dónde están estos lugares ni sé lo que son los cenotes, 75
¿y vosotros? —pregunta Juan.

—¡Vamos a mirar el atlas y el diccionario! —dice Andrés.

Rocío está en internet. Los chicos miran en el atlas.

—¿Has visto, Andrés? ¡México es enorme! Compáralo con España
—comenta Juan—. ¡Mira! ¡La península de Yucatán! ¡Cancún!, 80
donde van todos los turistas.

—Ah, sí, en el mar Caribe, donde están los piratas, ¿no?

—Chicos —dice Rocío—, por todas partes está «la serpiente emplumada». Parece un símbolo mexicano.

—¡Puaf! A mí no me gustan las serpientes —dice Andrés.

—Pues, escucha, aquí dice que es el dios más importante de los mexicanos, bueno, de la civilización azteca[7]: Quet-zal-co-atl.

Rocío sigue leyendo la información que encuentra en la red. Los chicos deciden examinar el plano y la carta que todavía no pueden leer.

Quetzalcoatl

—El secreto está aquí —dice Andrés con la carta en la mano.

—Sí, pero la carta no se puede leer —añade Juan.

—¿Y qué hacemos con el plano de Valladolid? —pregunta Rocío.

—Vamos a hacer una cosa. Yo completo la carta y vosotros dos buscáis el plano de Valladolid en internet y lo comparáis con el nuestro.

—Claro, lo más fácil para ti, Andrés, como siempre —comenta Juan.

—Pero ¿qué dices? Si quieres, cambiamos.

—No, pero a ti te gusta mandar y nosotros obedecemos.

—Juan, ya vale, no tienes razón, y tú lo sabes. Anda, vámonos, que ya es muy tarde, mañana seguimos— y Rocío pone fin a la discusión.

---

[7] Los aztecas y los mayas son los dos pueblos y civilizaciones principales de México.

Capítulo 2

El péndulo

Andrés tiene un ordenador para él solo. Rocío y Juan no. Pero, cuando Juan llega a casa de Rocío, esta le dice con cara de alegría:

—Juan, mis padres nos dejan el portátil. Ya sabes, para buscar información.

—¡Estupendo!

Antes de encenderlo observan otra vez el plano de Valladolid. Saben que en él está la clave del misterio. Pero no saben dónde.

—¿Qué tenemos que buscar? —pregunta Juan.

—¡Pues dónde está Amancio!

—Sí, eso es. Amancio ha enviado este plano a sus amigos para decirles dónde vive. Y si encontramos dónde está Amancio, podemos encontrar a todo el grupo.

—Claro. Pero con este plano, no sé yo. Y pasear por Yucatán con la foto en la mano preguntando: «¿Alguien conoce a Amancio?», tampoco.
—Tengo una idea —exclama Rocío.

Rocío saca del cajón un cordón[8] con un péndulo.

Un péndulo con un cordón

—¿Pero qué es eso?
—Es un péndulo. Todavía no lo uso muy bien.
—¿Y tú crees que el péndulo te va a decir dónde está Amancio?
—El péndulo es un instrumento para descubrir, saber cosas. No habla con palabras. Pero podemos interpretar lo que quiere decir, si tengo fluido[9] —comenta Rocío.
—¡Tú y tus misterios! Cada día inventas algo. Bueno, a ver tu fluido.

Rocío coge el péndulo con una mano y dice unas palabras mágicas:

—*Quiero, sé y puedo hacer esta investigación.*

El péndulo se mueve en círculos hacia la derecha y hacia la izquierda.

—Tu péndulo está loco.
—No, no. Te voy a explicar cómo funciona —dice Rocío—. Primero tenemos que enseñarle a decir «sí» y «no». Por ejemplo, si le preguntamos si es de día... y el péndulo se mueve hacia la derecha, eso quiere decir «sí».

---

[8] Cuerda delgada.
[9] Es decir, la energía de una persona.

—Ah, ya entiendo, muy fácil: «sí» es la derecha y «no» es la izquierda —responde Juan.

—Ahora le preguntamos si _Más_ va a maullar —dice Rocío.

El péndulo va hacia la izquierda. Los dos miran a _Más_ con atención. _Más_ no maúlla.

—¿Has visto, Juan? El péndulo funciona.

Unos segundos después se oye el teléfono.

—Dígame.

—_Hola, Rocío. ¿Cómo va la investigación?_

—Hola, Andrés. ¡Genial, genial, genial[10]!

—_¿Qué os pasa?_

—Pues[11] que vamos a descubrir el lugar donde está Amancio.

—_No me lo creo._

—Oye, luego te llamamos. No podemos seguir hablando. Perdemos el fluido.

—_¿El fluido? No entiendo nada, pero vale, hasta luego._

—Adiós.

Rocío y Juan ponen el péndulo encima del plano.

—Sí, pero a ver qué pregunta le vamos a hacer —dice Juan.

—Mira, Amancio ha enviado este plano. Lo ha tocado. Seguro que hay ondas suyas sobre el plano. A ver.

---

[10] Magnífico.
[11] Sirve para reforzar lo que se dice.

Rocío pone el péndulo sobre el plano de Valladolid y pregunta:

—«Péndulo, ¿está Amancio en Valladolid?».

El péndulo no se mueve. Pero cuando lo pone fuera de Valladolid empieza a girar.

—¡Ahí va[12], Rocío! Si tu péndulo funciona, parece que Amancio no está exactamente en Valladolid.
—Sí, tienes razón, puede ser eso. ¿Ves cómo te está gustando el péndulo?
—¿Llamamos a Andrés y se lo contamos?
—Vale.
Rocío marca el número de Andrés, pero se pone Laura, su madre. Laura va a buscar a Andrés, pero cuando vuelve les dice que ahora Andrés no puede hablar.

—*Que está descifrando no sé qué. Dice que os va a sorprender. ¿Entendéis algo?*
—Sí, creo que sí, muchas gracias. ¡Ah! y, por favor, dile[13] que maña-na por la tarde nos vemos.

---

[12] Expresión de admiración.
[13] En España el tuteo es muy frecuente. Los chicos llaman de «tú» a las madres y padres de sus amigos, sobre todo si son jóvenes.

Capítulo 3

El misterio de la carta

Andrés trabaja sobre la carta para descifrarla. Se ve mal y no se lee nada. Primero la ha escaneado. Luego ha aumentado las letras. Ha estudiado un programa que descifra códigos. Pero no puede leerla. ¹

Juan, Rocío y *Más* llegan a casa de Andrés. Van a la habitación de Andrés y ponen en común sus investigaciones. ⁵

—A ver lo que tenemos —empieza Rocío—. Nosotros hemos encontrado dónde está Amancio en México. Sabemos que está cerca de Valladolid.

—Eso no lo sabemos todavía —responde Andrés.

—Yo creo en el péndulo —dice Rocío. ¹⁰

—¿Qué dice la carta? —interviene Juan.

—Está claro que la carta es para los tres latinoamericanos que están en Paredes de Monte. Se pueden leer claramente los nombres: Roberto, Eusebio y Miguel.

5 —¡Esos nombres ya nos los dijo Enrique![14] —dice Rocío.

—De acuerdo, pero la carta lo confirma. Luego hay una serie de palabras sin relación entre ellas.

—A ver, ¿qué palabras? —pregunta Juan.

Andrés saca un papel. Ha escrito en mayúscula todas las palabras.
10 Luego ha dejado espacios en blanco en las letras que no sabe.

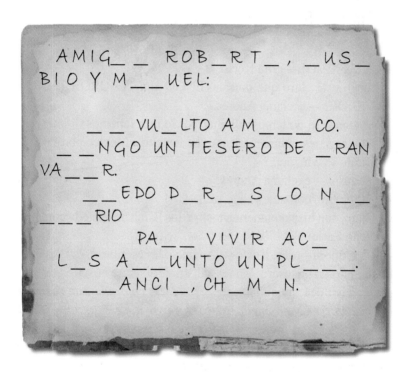

```
AMIG_ _  ROB_RT_, _US_
BIO Y M_ _UEL:

        _ _ VU_LTO A M_ _ _ _CO.
    _ _NGO UN TESERO DE _RAN
VA_ _R.
        _ _EDO D_R_ _S LO N_ _
    _ _ _RIO
        PA_ _ _ VIVIR AC_
L_S A_ _UNTO UN PL_ _ _ _.
    _ _ANCI_, CH_M_N.
```

Juan y Rocío están muy sorprendidos.

_____

[14] Ver libro 2. *La isla del diablo.*

—Buff, esto es chino o japonés.

—Lo primero es que no es «un tesero», sino un «tesoro» —dice Rocío.

—Tienes razón, corrijo.

Un tesoro

—A ver —dice Rocío—, «VU__LTO» tiene que ser «VUELTO».

—Entonces la primera palabra es «HE» o «HA» —sigue Juan.

—Si es una carta, tiene que estar en primera persona, así que «HE», ¿os parece? HE VUELTO —propone Andrés.

—¡A MÉXICO! —grita Rocío.

—Luego está claro que dice: «TENGO UN TESORO DE GRAN …¡VALOR! —exclama Andrés.

—Lo demás lo podemos adivinar por lo que sabemos —interviene Juan—. Los tres latinoamericanos han vuelto a México porque él les ha escrito «vivir ¿ac...?».

—«¡Aquí!» —exclama Andrés.

—Sí, hombre, con «c». ¡Ya lo sé! ¡ACÁ!

—¡Claro, son hispanoamericanos! ¡Y los llama de «usted» como nos ha dicho Enrique[15]!

—Claro que sí —dice Rocío—. Amancio les escribe: «Amigos míos, he encontrado un tesoro. Vamos a distribuirlo entre nosotros cinco. Y podéis vivir acá tranquilamente». *Y colorín colorado este cuento se ha acabado. Y vivieron felices y comieron perdices*[16].

—A ver ahora, al final «UNTO» puede ser «JUNTO», ¿no creéis? —pregunta Andrés.

—No, mi padre a veces tiene cartas del banco y dicen «adjunto» —dice Rocío—, así que «ADJUNTO»… Mmm.

---

[15] Ver libro 2. *La isla del diablo*.
[16] Final típico de los cuentos.

—*Veo, veo*[17] ¿*Qué ves? Una cosita, ¿Con qué letrita?* Pues empieza por «p» y termina por «o» —Juan levanta el plano con la mano riéndose.

—Es verdad, ¡PLANO!, Amancio lo envía para indicar dónde está.

—¡Qué nervios tengo! —dice Rocío—. ¡Quiero ir a México!

—Esperad un momento —dice Juan—, a ver si desciframos la firma[18].

—¿Y quién firma?, ¿chamén, chamín, chamón o chamún? ¿Puede ser un apellido? —pregunta Rocío.

—O puede ser un seudónimo. La carta está en clave, eso seguro —afirma Andrés.

—Claro, es verdad —dice Rocío—. «CH__M__N» puede ser una palabra en clave o un seudónimo.

—Bueno, vamos a pensar a ver si encontramos esta palabra.

---

[17] Juego de adivinar.
[18] Nombre y apellidos que se ponen al pie de una carta o de un documento.

Capítulo 4

El secreto de Juan

Dentro de cuatro días empiezan las clases. Andrés llama a Rocío 1
y a Juan. Les dice que tienen que verse urgentemente. Cuando están
los tres juntos, les explica:

—Mi padre nos quiere llevar al campo mañana para aprender un poco
de botánica. Dice que siempre estamos juntos. Y que no hacemos 5
nada. Que no sabemos mirar la naturaleza…

—Pues ¡qué mal! ¡Los últimos días de vacaciones! —protesta
Rocío.

—Quiere enseñarme a reconocer los árboles. Y a vosotros también,
si queréis, claro. 1

—Bueeeeeno, te acompañamos —dice Juan.

—Y así cuando vamos de excursión, podemos llamar a cada árbol por
su nombre, ¿no te gusta eso, Rocío? —pregunta Andrés.

nivel

—Sí, eso está bien. Tenemos poco vocabulario: ¡decimos «árbol» a todos los árboles!

—Claro —dice Juan—, a ti te gusta abrazarte a los árboles para llenarte de energía. Vas a poder decir ahora: «Hola, pino», «Gracias, álamo» y cosas así.

Un pino

álamos

Al día siguiente, Juan se pregunta dónde les va a llevar su tío. Piensa en un jardín botánico. No sabe a cuál. Rocío y él conocen el de Madrid. Han ido con el instituto en una excursión a ver el Museo del Prado. El Jardín Botánico está al lado. Pero no, a Madrid no va a llevarlos. Y en Valladolid no sabe dónde hay un jardín botánico.

Salen los cuatro de casa. Martín va delante con Andrés. Toma la dirección del centro. Rocío y Juan van detrás. Rocío le pregunta en voz baja:

—¿Qué te pasa, Juan? Estás muy callado.

—Sí, ¿verdad? No sé lo que me pasa.

—¡Qué bien!, no soy yo la única.

—¿Dónde nos va a llevar mi tío? —pregunta Juan.

—No sé, pero vamos por la calle Santiago. Es la calle de la estación de tren.

En un semáforo se paran los cuatro. Martín les pregunta:

—¿Qué? ¿Qué tal la excursión?

—De momento todo va bien —responde Rocío.

—Estamos llegando.

Los chicos piensan que se está riendo de ellos. Están en el centro de la ciudad y dice que ya han llegado. Pero ¿dónde están esos árboles?

—Mirad lo que tenéis delante de vosotros.

—Pues el Campo Grande— dicen los tres a la vez.

—Pero no es un jardín botánico. Y hemos estado mil veces, papá.

Un jardín romántico

—Pues sí, señor[19], —afirma el padre con autoridad—. Venimos al Campo Grande, que es como un jardín botánico. Un jardín muy antiguo, de 115.000 metros cuadrados. Es un espacio verde con gran significado. El alcalde Íscar lo transformó en jardín romántico.

—¿Romántico?

—Sí, ya sabes —explica Andrés—, que hay muchas parejas… sobre todo por la tarde… dándose besos.

—No, hombre —corrige su padre—. Cuando decimos romántico, queremos decir que tiene una estructura del siglo XIX. Con glorietas y avenidas, jardines con misterio.

—Juan, ¿tú sabes cuántas especies de árboles hay en este jardín?

—Pff, no tengo ni idea —dice Juan.

—Pues hay… 90 especies de árboles y arbustos. Más de 30 especies de aves —dice Andrés—. Me lo ha dicho mi padre.

---

[19] Refuerza la afirmación.

—Voy a hacer dibujos y a poner su nombre debajo
—Juan abre la mochila y saca el cuaderno.
—Muy bien. Así aprendéis mejor los nombres: el
roble, el pino, el álamo, el abeto, la acacia…

Una mochila

Un roble

Un abeto

Una acacia

Los chicos tienen la impresión de que nunca han estado en este jardín. Rocío se abraza a los árboles. Martín la mira y le dice:

—¿Por qué haces eso, Rocío?
—Los árboles están llenos de energía, ¿no lo sabes?
—Rocío tiene razón. Los árboles tienen energía «telúrica»[20] —afirma el padre de Andrés.

Rocío está contenta y quiere jugar. Le da un golpecito a Juan en la espalda. Le dice: «Tú la…»[21], y se va corriendo. Juan corre detrás de ella. Martín y Andrés siguen la observación: este es un...

---

[20] Es decir, «de la tierra».

[21] «Tú la», es decir, «Tú la llevas» es un juego muy popular. Una persona da un golpe a otra, que «la lleva» y tiene que correr hasta alcanzar a otra, que «la lleva» y esta última corre para tocar a otra, etc.

Oyen un ruido. Juan se ha subido a un banco. Ha visto en un tronco de un árbol una palabra escrita: ¡¡Chamánnnnn…!! Sorprendido, se ha caído y ha gritado. Rocío corre hacia él. Lo descubre en la tierra y con cara de dolor.

—¿Qué te ha pasado?

—Me he caído porque he visto algo… Me duele mucho el brazo. No puedo moverlo.

Martín llega.

—¿Te has hecho daño?

—No puedo levantar el brazo.

—A ver, ¿solo te duele el brazo?, déjame. Lo toca con suavidad. Juan grita de dolor.

Se nota en la cara la inquietud de Martín. Piensa que Juan se ha roto el brazo. Decide llamar a un taxi y llevar al chico al hospital.

En el taxi Martín sigue inquieto. Le dice a Juan:

—Si tienes el brazo roto, te van a poner una escayola.

Juan tiene cara de miedo.

Un brazo escayolado

— ¿Y lo interesante que vas a estar con la escayola? —interviene Andrés.

—Es verdad, todos van a querer escribir encima —le afirma Rocío.

En el hospital, inmediatamente los recibe un médico. Al fin sale Juan con una escayola. Los dos chicos van hacia él.

—¡Huy, qué guapísimo estás con este brazo nuevo! Soy tu enfermera. Te llevo las cosas a clase —dice Rocío.

Juan está ya tranquilo. Y tiene buen color de cara.

—Bueno, pues vamos a tu casa, Juan —dice Martín—. A ver qué va a decir tu madre.

La madre de Juan abre la puerta y ve la escayola. Pregunta qué ha pasado y escucha las explicaciones de Martín.

Los tres chicos están en la habitación de Juan.

—Tengo que contaros un secreto —dice bajando la voz.

Andrés y Rocío se acercan para oír mejor.

—¿Sabéis por qué me he caído?
—Te has caído porque eres tonto —dice Andrés.
—¡Qué gracioso![22] No, no, es que he visto escrita en un árbol una palabra curiosa. Ponía «Chamán».
—Sí —dice Rocío—. Te he oído gritar algo así cuando te has caído.
—Pero ¿no veis lo que quiero decir?

Rocío y Andrés se miran sin entender.

—¡Es la palabra clave en la firma de la carta de Amancio!

---

[22] Expresión irónica para responder a un comentario de una persona.

—¡Es verdad! Puede ser la palabra clave. ¡Has encontrado el enigma de la carta! —exclama Rocío.

—Y nuestro amigo Amancio es un chamán —dice Juan.

—¡Naturalmente! He leído en una revista que hay muchos «chamanes» en México —afirma Rocío.

—¿Y qué son? —pregunta Andrés.

—Son como sacerdotes. Tienen un poder especial, adivinan y luchan contra las energías negativas. Comunican con los espíritus y pueden curar a las personas.

Un chamán

—Amancio es un chamán —repite Andrés—. No me lo puedo creer, la verdad.

—¡Qué realista eres, Andrés! Pero, bueno, si vamos a México vas a ver.

—Vale, soy realista, ¿cómo y cuándo vamos a ir? —pregunta Andrés.

—¡Esperad un poco! ¡Tengo un brazo roto! —dice Juan.

—Eso no es nada —dice Rocío.

—Muy bien. Ya sabemos cuándo. ¡En un mes te quitan la escayola!

capítulo 5

Intercambio escolar

Se acaban las vacaciones. Los tres amigos pasan juntos la última tarde. Están preparados para empezar el nuevo curso. Andrés acompaña a Rocío a casa y hablan un momento en la entrada de la casa.

—Estoy contenta. Empezamos el curso y llega el otoño.
—Claro —dice Andrés—, a mí también me gusta empezar nuevos cursos.
—Pero lo que no me gusta es que estamos en dos lugares diferentes: tú en el colegio y nosotros en el instituto.
—Eso es verdad. No me gusta separarme de vosotros. Somos amigos para siempre.
—¡Genial!— «Amigos para siempre…»[23] —canta Rocío.

---

[23] Canción famosa internacionalmente. En los XXV Juegos Olímpicos, celebrados en 1992 en Barcelona, Sara Brightman y el tenor José Carreras la cantaron juntos.

Andrés y Rocío se dan dos besos y se separan.

Al día siguiente Juan y Rocío van juntos al instituto. Como Juan tiene el brazo roto, Rocío le lleva sus cosas.

Saludan a los compañeros y entran en la clase: 2.º A. La tutora[24] les da el horario, el nombre de los profesores y las novedades del curso. Todos los alumnos quieren estudiar y obtener buenas notas.

Pero la gran novedad es que el instituto José Zorrilla participa en un programa de cooperación con otros centros educativos. Lo van a hacer primero entre los de la ciudad, en concreto, con el colegio San José, donde estudia Andrés. Y después con otros de Hispanoamérica.

El proyecto educativo va a ser un intercambio cultural y deportivo. Se va a hacer durante tres cursos, en primavera o en otoño.

El itinerario tiene tres zonas: primero van a ir a México; luego a Perú y en el último año, a un país del Cono Sur[25].

El viaje a México va a ser al final del segundo trimestre. El destino es la península de Yucatán, sobre todo, la ciudad de Valladolid. La profesora les explica el objetivo. Dos centros educativos de Valladolid de España se hermanan con otros de Valladolid de Hispanoamérica. Rocío no puede creerlo.

Juan está escuchando. Y al mismo tiempo dibuja unas tumbas de las que salen esqueletos. Estos se evaporan en el aire. Deja el dibujo y dice en voz baja a Rocío:

—¡Qué suerte tenemos! ¡No puede ser!
—¡Impresionante! ¡Genial! —contesta ella.

---

[24] En España cada clase tiene un «tutor» o una «tutora». Es el profesor encargado de reunir a las familias, mandarles las faltas de asistencia, las notas, etc.
[25] Los países del Cono Sur son: Argentina, Chile, Uruguay, Brasil.

El destino es muy bueno con ellos. Están deseando salir del instituto para hablar con Andrés.

Cuando llegan a la puerta del colegio de Andrés, lo ven hablar en el patio con una chica muy guapa. Al salir, Juan y Rocío le hacen preguntas al mismo tiempo:

—¿Y ese pelo? —pregunta Juan.
—¿Y esa chica? —pregunta Rocío.

Andrés se ha cortado el pelo y se ha hecho unos dibujos a los lados.

—El corte de pelo es… un misterio. La chica se llama Camila y es… nueva. ¿Queréis saber algo más? —responde Andrés, impaciente.
—¡Huy, cómo estás! —dice Juan.
—Pero, venga[26], ¿os han hablado del proyecto?
—Pues claro, Juan y yo no nos lo creemos. Queremos ir a México, ¡a Valladolid!, y nos lo proponen. ¡Es un sueño! Voy a casa a contárselo a _Más_.

A sus padres les parece muy bien el intercambio escolar. Siempre están diciendo: «Los chicos tienen que viajar cuando son jóvenes y descubrir el mundo».

Y el primer trimestre pasa rápidamente. El trabajo para el viaje ocupa todo su tiempo libre.

---

[26] Expresión para decir que hay que hacer algo.

En febrero se convoca una reunión general de padres, alumnos, profesores y organismos colaboradores. El lugar es el salón de actos del Ayuntamiento. Los jóvenes viajeros tienen una gran motivación.

Un salón de actos

Al final los padres pueden hacer preguntas. Están inquietos y quieren estar seguros de todo. A los chicos no les gustan las preguntas que hacen los padres:

—¿Qué seguros llevan los niños? —dice Esteban, el padre de Juan.

—Si pasa algo, ¿quién es el responsable? —dice una madre.

—Si alguno está enfermo, ¿quién se ocupa de él? —pregunta un padre.

—¿Necesitan alguna vacuna? —dice Inés, la madre de Rocío.

—¿A cuánto está el cambio del peso mexicano? —comenta la madre de Camila.

—¿Cuánto dinero de bolsillo²⁷ les damos? —pregunta Martín, el padre de Andrés.

Y la última pregunta la hace una señora muy seria. Es la abuela de Joaquín, el compañero de mesa de Rocío.

—Las habitaciones no son mixtas, ¿verdad?

Todo el mundo se ríe y Joaquín se pone muy colorado²⁸. Este año vive con sus abuelos. Sus padres están trabajando en el extranjero.

Los directores de los centros educativos dicen unas palabras.

---

²⁷ Pequeña cantidad de dinero que se lleva para los gastos cotidianos.
²⁸ La cara se pone de color rojo, por la vergüenza.

Después el Ayuntamiento[29] ofrece unas bebidas y así acaba la reunión.

Al salir los chicos se van a pasear.

—¿Y cómo hacemos nosotros nuestra investigación? —pregunta Juan.
—Muy fácil. El viaje y las excursiones con el grupo, sin decir nada a nadie.
—Lo juramos —dicen los tres.

Ayuntamiento de Valladolid

---

[29] Organismo que dirige una ciudad. Personas que dirigen la ciudad.

Capítulo 6

El pasaporte de Rocío

Hace una tarde fría, pero con mucho sol. El invierno se va. La   1
primavera se acerca. Rocío ha llamado a Andrés y Juan porque quiere enseñarles una cosa. Ellos no saben qué es. Se ven al pie de la
estatua de Cervantes. Bajan la calle de la colegiata. Van hablando del
viaje, como siempre.   5

—Bueno, Rocío —dice Juan—, ¿qué nos vas a enseñar?

Entonces Rocío abre la mochila, saca un sobre y lo levanta.

—A ver, un juego, *adivina, adivinanza*[30], ¿qué es esto?
—Pues, por la forma, son ¡cartas de… un admirador! —dice Andrés
riéndose.   10

---

[30] Palabras con las que empieza un juego infantil de adivinar cosas.

—Frío, frío[31].

—Yo creo que es ¡dinero de Amancio! —dice Juan.

—Muuuuy frío —saca algo del sobre y lo enseña a sus amigos.

—Mirad, mi primer pasaporte. ¡Qué emoción!

—¿Cómo has viajado antes sin pasaporte? —pregunta Andrés.

—Pues con el DNI[32]. Yo no he salido de la Unión Europea, guapo[33].

—Es verdad, Andrés, nosotros ya lo tenemos. Lo hemos hecho en el último viaje a Marruecos.

—A ver la foto —pide Andrés. Le quita el pasaporte de las manos. Hace un gesto hacia atrás.

—¡Estás guapísima!

Un DNI

Rocío quiere cogerlo. El pasaporte se cae al otro lado de la colegiata. Son ruinas de edificios muy antiguos.

—¡Madre mía[34], mi pasaporte! —exclama Rocío.

—Pues tenemos que ir a buscarlo.

—La única manera es saltar la verja[35] —dice Juan.

—Juan —grita Rocío—, tú quédate ahí y vigila. Si viene alguien, nos llamas.

Andrés y Rocío se suben a la verja. Entran en las ruinas.

—¡Ah, mi querido pasaporte! —suspira Rocío—. ¡Qué miedo! ¡Sin

---

[31] En el juego de adivinar se dice «frío» si la respuesta está lejos de la solución y «caliente» si está cerca.

[32] Documento Nacional de Identidad.

[33] Expresión familiar para hablarle a alguien. A veces indica cariño, otras, como aquí, algo de enfado.

[34] Expresión que se usa para manifestar sorpresa.

[35] Estructura de metal que cierra un espacio.

pasaporte no puedo ir a México!
—Tenemos que ser prudentes —añade Andrés.

—Y estas ruinas, ¿qué son? —pregunta Rocío—. Aquí hay tesoros 35
escondidos, te lo digo yo.
—Bueno, ya que estamos aquí, vamos a ver lo que hay.

Los dos avanzan entre las piedras. Ven una puerta y la abren.
Entran en una pequeña sala oscura.

Una tumba

—No se ve nada. 40
—Mira —dice Rocío con miedo en la voz—, una tumba.

—Pues aquí hay otra. ¿Tú crees que hay alguien enterrado?
—¿Estamos en un cementerio? 45
—No, pero…
—Y eso, ¿no son huesos?
—No veo bien, pero allí, eso, ¿es un esqueleto? —dice Andrés.

Oyen gritar a Juan. Salen corriendo. 50
Suben a la verja y saltan a la calle.

Un esqueleto
Unos huesos

—¡Qué miedo! ¡Pero qué miedo! —dice Rocío a Juan.
—Pero ¿qué os ha pasado?
—Hemos visto tumbas y esqueletos —responde Andrés. 55
—¿Esqueletos?, aquí no puede haber esqueletos —dice Juan.
—La verdad es que hemos salido corriendo. No sé, no estoy seguro.
—Y yo os he llamado varias veces porque venía gente. Necesitamos

tener un móvil para comunicarnos si hay un peligro.

—No, no quiero —protesta Rocío—. Las ondas electromagnéticas atacan nuestro cerebro.

—Pero también pueden salvar vidas —dice Andrés—. No sabes la cantidad de gente que debe su vida al móvil.

—No me gusta. No quiero —dice Rocío.

—Eres la única del instituto que no quiere un móvil —dice Juan.

—¿Y qué? A ver si tenemos que tener todos lo mismo y vestir todos iguales —contesta Rocío.

Un móvil

—Tienes razón —interviene Juan—, eres una chica con personalidad.

—Bueno, chicos, me tengo que ir —dice Rocío—, mis padres van al teatro y mi hermanita está sola.

Rocío se va corriendo a su casa.

Su hermanita, Teresa, ha jugado toda la tarde en el parque con sus amigas y está muy cansada. Después de cenar se quiere ir a la cama. Rocío siempre le cuenta historias fantásticas y esa noche también lo hace.

Rocío se sienta en el sofá del salón y enciende la televisión. Hay una película de aventuras. *Más* se sienta a su lado.

Oye el ruido de una puerta. Piensa que Teresa se ha levantado. Mira detrás y no ve a nadie. *Más* se baja del sofá y se va del salón corriendo.

—*Más*, ven, no pasa nada.

Pero una voz horrible dice: «Buenas noches, Rocío». Y luego, 85
más cerca, dice otra vez:

—«¡Qué pena! Un viaje tan bonito y no vas a poder ir».
—Pero ¿quién es usted?
—«¿De verdad que no quieres esto?» —Rocío tiene un móvil en las
manos. Está muy frío. 90
—No, no quiero, pero ¿qué pasa? No entiendo nada.
—«Bueno, entonces me lo llevo —dice la voz—, pero también me
llevo esto».

Y el pasaporte de Rocío, que estaba sobre la mesita del salón,
desaparece. Rocío grita. Se quiere levantar, pero no puede. 95

—¡Por favor, no, el pasaporte no! Le doy otra cosa. ¿Qué quiere?

—Rocío, Rocío, hija, despierta, ¿estás soñando? ¿Estás enferma?
—exclaman sus padres.

Rocío abre los ojos, ve a sus padres con cara de miedo. El pasaporte está sobre la mesita. Se pone a reír y a dar besos a sus padres. 10
¡Qué malos son a veces los sueños!

Se va a dormir muy contenta con su querido pasaporte en la
mano.

capítulo 7

Últimas horas en España

El último fin de semana es muy largo para los chicos. Necesitan verse y comentar sus emociones. Se sientan en un banco y Rocío les cuenta el sueño de la noche anterior. Y Andrés y Juan ríen. Empiezan a hablar del viaje.

—¡Vamos a cruzar «el charco»[36]! Eso dice mi padre —cuenta Rocío.

—¡Qué vuelo tan largo! Es directo y son once horas —protesta Juan.

—Pero si el avión es muy grande y puedes ir y venir —dice Rocío.

—Ya, pero los asientos están muy juntos. Y mis piernas son grandes —dice Juan.

—¡Sí, hombre, eres un gigante! ¡Qué exagerado! —le dice su primo.

---

[36] Es una manera coloquial de decir «cruzar el océano».

—¿Y la ropa? ¿Qué lleváis? —pregunta Juan.

—¿Todavía no has hecho la maleta? —pregunta Andrés.

—Yo tampoco, Andrés. La hago mañana. Juan, lleva ropa de verano. ¿No te acuerdas? La temperatura allí es de 25 ó 30 grados —contesta Rocío.

—Y al llegar a Cancún, vamos en autobús hasta Valladolid, ¿te acuerdas de eso? —pregunta Andrés a Juan.

Una maleta

—Pues mira, sí, y no vamos en autobuses, sino en «camiones». Allí se llaman camiones —responde Juan.

—Vale, pues en camión —acepta Andrés.

—Y mi padre me ha dicho que «billete» se dice «boleto». Y que «coche» se dice «carro». ¿Veis? Me va a enseñar muchas palabras y voy a hacer de intérprete.

—¿De intérprete? Pero si todos hablamos español. Hay palabras diferentes, nada más —dice Andrés con aire de superioridad.

—¡Todos somos complementarios y ya está! No debemos olvidar las pistas que tenemos: la foto, el crucifijo... —dice Rocío.

—Y la insignia del diablo, ¿no, Rocío? —pregunta Juan.

—¡Claro que sí!

Pasa un avión y los tres miran al cielo al mismo tiempo. Su sueño va a hacerse realidad. El lunes ya está muy cerca. En pocas horas empieza una nueva aventura.

Capítulo 8

En ruta para México

Rocío empieza a hacer la maleta. Está nerviosa. *Más* no comprende que Rocío se va y quiere jugar.

—Pero *Más*, tranquila, ¿qué te pasa? Bueno, vale, voy a jugar contigo.

Juega con ella un momento y luego habla con su madre.

—Mamá, ya sabes, todos los días le hablas de nosotros. Sobre todo de mí, ¿de acuerdo? Pronuncias mi nombre y le dices que pienso en ella.

—Sí, pero podemos hacer otra cosa más, si queréis. Podéis dejar cada uno una camiseta y se la ponemos en su camita. Así ella siente vuestro olor y piensa que vosotros estáis cerca.

—¡Qué buena idea, mamá, se ve que eres veterinaria! —dice Rocío abrazando a la vez a su madre y a *Más*.

El AVE

El aeropuerto de Barajas

Después del rápido viaje a Madrid en AVE[37] y luego en metro, el grupo de treinta estudiantes y dos profesores del Colegio San José y del Instituto Zorrilla de Valladolid llega a la Terminal 4 del aeropuerto de Barajas[38].

Algunos están muy nerviosos porque nunca han viajado en avión. No saben qué tienen que hacer para obtener la tarjeta de embarque y facturar las maletas. Pero no están solos. Los profesores están con ellos y se ocupan del grupo.

Andrés, Juan y Rocío, que han viajado bastante, ayudan a sus compañeros.

Una tarjeta de embarque

—Tranquilos, tranquilos, que las maletas siempre llegan —dice Andrés.

—Bébete la botella de agua antes de pasar el control. Te la van a quitar —explica Juan.

---

[37] Tren de Alta Velocidad Española.
[38] Nombre del aeropuerto de Madrid.

Los profesores los cuentan una y otra vez. No quieren perder a nadie.

El grupo de chicos pasa el control de policía.

—¿Has visto cómo me ha mirado el policía? —dice Rocío a Juan.
—Te ha mirado así porque nunca ha visto unos ojos verdes tan bonitos.
—¡Tonto! Es porque me he cortado el pelo y no me parezco a la foto.

Rocío pasa el control. Tiene que abrir la mochila. Se pone un poco nerviosa. Tiene la cara colorada como un tomate. Un policía saca una a una las cosas. Las pone encima de la mesa. Aparece un crucifijo. Se lo enseña a Rocío:

—¿Y esto?
—Es un crucifijo —contesta Rocío.
—Ya lo veo. Es muy bonito. Y además con estas piedras preciosas. Muy bien, eres muy religiosa, ¿no?

Rocío sonríe un poco, mete el crucifijo en la mochila y se dirige, nerviosa, hacia el grupo. Todo el mundo le dice algo.

—¿Qué te ha dicho la policía?
—¿Le has dicho que es un tótem para proteger al grupo?
—No sabía yo —dice otro— que eras tan religiosa.

Rocío se sienta entre sus amigos en la sala de embarque sin decir palabra. Tienen que esperar mucho tiempo.
—¡Qué risa! La cara del policía al ver el crucifijo —dice Juan.
—¡Qué tonta soy! Se lo he dejado a *Más* para jugar hasta el final. Luego lo he metido en la mochila. Bueno, tengo mucho calor, me voy a cambiar.

Rocío se pone una camiseta negra con una calavera[39] que sonríe.

—Pero, Rocío, ¿dónde vas así? —pregunta Andrés.

—¿Qué pasa? ¿No os gusta?

—No es eso, pero…— dice Juan. 65

—Hombre, para los mexicanos, el día de los muertos es una fiesta alegre.

—Pero no en marzo. Estamos en primavera. Eso es para el día de muertos… en noviembre —responde Andrés. 70

Una camiseta con calavera

Por fin el altavoz anuncia la salida del avión para Cancún. Las personas que están esperando se levantan. Van hacia la puerta de embarque. El grupo de chicos también se levanta. Dan su tarjeta de embarque a la azafata. Cuando suben al avión, todos buscan su asiento. Hay mucha gente. 75

Rocío, Juan y Andrés se sientan uno al lado del otro. Hablan mucho. Piensan que tienen que estar con el grupo. Pero también tienen que resolver su enigma. No saben cómo lo van a hacer. Andrés, al final, se duerme.

—Estoy segura de que vamos a encontrar a nuestros latinoamericanos 80 —dice Rocío a Juan.

—Puede ser. Pero ¿cómo crees que van a reaccionar?

—Pues primero sorprendidos y después contentos. Creo que nos van a dar regalos. Yo creo que son ricos.

—Yo quiero saber qué tesoro ha encontrado Amancio —dice Juan—. 85 Rocío, ¿tú crees que un día vas a ser rica?

---

[39] Conjunto de huesos que forman la cabeza.

—Claro, he nacido bajo una buena estrella —le contesta Rocío contenta.
—Yo prefiero ser feliz y tener menos dinero.

Unos regalos

—Sí, pero necesitas «pasta» para todo —comenta Rocío.
—Allí debes decir que necesitas «lana»[40]. Otra palabra de mi padre.
—Bueno, pues «lana» para viajar por el mundo. Por eso quiero aprender idiomas.

Una estrella

Andrés se ha despertado. Rocío quiere dormir y pide una manta. Juan le dice que en México «manta» se dice «cobija». Ella se ríe y cierra los ojos.

Dinero o «lana»

—Vosotros siempre estáis hablando —dice Andrés—. ¿Qué te decía Rocío?
—Hablamos de nuestros latinoamericanos.
—¿A qué hora llegamos exactamente? Ahora no me acuerdo.
—Hemos salido a las tres de la tarde. Son más de diez horas de vuelo. Creo que vamos a llegar a las dos de la mañana, ¿no?
—¡Hmm, no! —dice Andrés—. Hay que quitar las siete horas de diferencia.

---

[40] «Pasta» en España y «lana» en México son formas coloquiales de decir «dinero».

—¡Es verdad! Al llegar van a ser las siete de la tarde. Es decir, que hemos ganado siete horas de vida.

—¡Qué tonterías dices! No hemos ganado nada. Luego tenemos que volver...

—¡Qué horror! ¡Es lo del *jet lag*! —dice Juan y se pone la manta encima.

—¡Yo tengo muchas ganas de ver la ciudad sagrada de Chichén Itzá! —dice Rocío, sacando la cabeza de la manta.

—¡Y yo, los misterios de los cenotes! —exclama Juan.

Los chicos se duermen. Esta vez es un viaje largo, muy lejos de su casa y de su país. Al otro lado del océano.

Una experiencia así solo se vive una vez en la vida. Y ellos, unos chicos de trece años, van a vivirla.

El cenote de Dzitnup

México los espera con los brazos abiertos... y con aventuras y sorpresas que no imaginan.

GLOSARIO

Español	Francés	Inglés	Alemán
A			
abandonado/a	abandonné	abandoned	verlassen
abeto (el)	sapin	fir tree	Tanne
abierto/a	ouvert	open	offen
abrazar	embrasser	to hug	umarmen
abrir	ouvrir	to open	öffnen, aufmachen
abuela (la)	grand-mère	grand mother	Großmutter
abuelos (los)	grand-parents	grand parents	Großeltern
acá	ici	here	hier
acabar	terminer	to end	beenden
acacia (la)	acacias	acacia	Akazie
aceptar	accepter	to accept	annehmen
acercarse	s'approcher	to come closer	sich nähern
salón de actos (el)	salle de conférence	conference room	Festsaal
acordarse	se rappeler	to remember	sich erinnen
además	en plus	moreover	außerdem
adivinar	deviner	to guess	erraten
adjunto	joint	enclosed	beiligend
admirador	admirateur	admirer	Bewunderer
adoptar	adopter	to adopt	adoptieren
aeropuerto (el)	aéroport	airport	Flughafen
afirmar	affirmer	to assert	bestätigen
ágil	agil	agile	agil
agua (el)	eau	water	Wasser
ahí	là	there	da, dort
ahora	maintenant	now	jetzt
aire (el)	air	air	Luft
álamo (el)	peuplier	poplar	Pappel
alcalde (el)	maire	mayor	Bürgermeister
alegre	joyeux	happy	lustig, froh

algo	quelque chose	something	etwas
alguien	quelqu'un	someone	jemand
alguno/a	quelque	some/any	irgendein
allí	là-bas	over there	da
altavoz (el)	hautparleur	speaker	Lautsprecher
alto/a (una persona)	grand	tall	hoch, groß
antiguo/a	ancien	old, ancient	alt, antik
anunciar	annoncer	to announce	ankündigen
añadir	ajouter	to add	hinzufügen, erweitern
año (el)	an/année	year	Jahr
aparecer	apparaître	to seem	erscheinen
apellido	nom de famille	last name	Nachname
aprender	apprendre	to learn	lernen
aquí	ici	here	hier
árbol (el)	arbre	tree	Baum
arbusto (el)	arbuste	shrub	Busch
arena (la)	sable	sand	Sand
así	ainsi	so	so
asiento (el)	siège	seat	Sitz
aspecto (el)	aspect	aspect	Aussehen
atacar	attaquer	to attack	angreifen
aumentar	augmenter	to increase	vergrößern
autobús (el)	autobus	bus	Bus
autoridad (la)	autorité	authority	Autorität
avanzar	avancer	to move forward	vorangehen
aventura (la)	aventure	adventure	Abenteuer
avión (el)	avion	plane	Flugzeug
ayudar	aider	to help	helfen
ayuntamiento (el)	mairie	town/city hall	Rathaus
azafata (la)	hôtesse	stewardess	Stewardess

B

bajar	descendre	to go down	heruntergehen, herunternehmen, austeigen
banco (el)	banc	bench	Parkbank
bastante	assez	enough	genug
bebida (la)	boisson	drink	Getränk
beso (el)	bise	kiss	Kuss
billete (el)	billet	ticket	Fahrkarte
biólogo/a (el/la)	biologiste	biologist	Biologe
blanco/a	blanc	white	weiß
botánico/a	botanique	botanical	botanisch
botella (la)	bouteille	bottle	Flasche
brazo (el)	bras	arm	Arm
buscar	chercher	to look for	suchen

C

cabeza (la)	tête	head	Kopf
cada uno	chaque/chacun	every, each	jeder/ein
caer	tomber	to fall (down)	fallen
cajita (la)	petite boîte	little box	Kästchen
cajón (el)	tiroir	drawer	Schublade
calculador-a	calculateur	calculating	berechnend
callar (callado)	taire	to be quiet	schweigen
calor (el)	chaleur	heat	Wärme
cama (la)	lit	bed	Hitze
cambiar	changer	to change	sich wandeln
cambio (el)	change	change	Geldwechsel
camiseta (la)	tee-shirt	tee-shirt	T-Shirt
campo (el)	campagne	country	Land
cansado/a	fatigué	tired	müde
cantar	chanter	to sing	singen
cantidad (la)	quantité	quantity	Quantität
cara (la)	visage	face	Gesicht
carta (la)	lettre	letter	Brief
casa (la)	maison	house, home	Haus
cementerio (el)	cimetière	cemetery	Friedhof
cenar	dîner	to have dinner	zum Abend essen
centro (el)	centre	center	Stadtmitte
cerca	près	near	nahe
cerebro (el)	cerveau	brain	Gehirn
cerrar	fermer	to close	schließen
cielo (el)	ciel	sky	Himmel
círculo (el)	cercle	circle	Kreis
ciudad (la)	ville	city	Stadt
claro	bien sûr	of course	natürlich, klar
clave (la) (del misterio)	clé (du mystère)	key (to the mystery)	Schlüssel, Lösung
coche (el)	voiture	car	Auto
código (el)	code	code	Code
coger	prendre	to take	nehmen
coleccionar	collectionner	to keep a collection of	sammeln
color (el)	couleur	colour	Farbe
colorado/a (ponerse)	rouge	to blush	rot werden
comentar	commenter	to comment	erklären
comenzar	commencer	to start, to begin	anfangen
comer	manger	to eat	essen, zu Mittag essen
comparar	comparer	to compare	vergleichen
complementario/a	complémentaire	complementary	ergänzend
comprender	comprendre	to understand	verstehen

común	commun	common	gemeinsam
comunicar	communiquer	to communicate	mitteilen
concreto (en)	concrètement	specifically	konkret
confirmar	confirmer	to confirm	bestätigen
conocer	connaître	to know	kennen
contar (historias)	raconter	to tell	erzählen (Geschichten)
contestar	répondre	to reply	antworten
cooperación (la)	coopération	cooperation	Mitarbeit
correr	courir	to run	laufen
corregir	corriger	to correct	verbessern
cortar	couper	to cut	schneiden
corte (el) de pelo	coupe (cheveux)	haircut	Haarschnitt
creer	croire	to believe	glauben
crucifijo (el)	crucifix	crucifix	Kruzifix
cruzar	traverser	to cross	durchgehen, durchfahren
cuaderno (el)	cahier	notebook	Heft
cuadrado (metro)	carré (mètre)	square (meter)	Quadratmeter
cueva (la)	grotte	cave	Keller, Höhle
curar	soigner/guérir	to cure, to heal	heilen
curioso/a	curieux	curious	neugierig

D

daño (hacerse)	se faire mal	to hurt oneself	sich verletzen
dar	donner	to give	geben
debajo	sous	under(neath)	unter
decidir	décider	to decide	entscheiden
dejar	laisser	to let	lassen
delante	devant	in front of	davor
delgado/a	maigre/mince	thin, skinny	dünn
deportivo/a	sportif	sports	sportlich
derecha (la)	droite	right	rechts
desaparecer	disparaître	to disappear	verschwinden
descifrar	déchiffrer	to decipher	entziffern
descubrir	découvrir	to discover	aufdecken
desear	désirer	to wish, to want	möchten
despertar	réveiller	to wake up	aufwachen
destino (el)	destin	fate	Schicksal
detrás	derrière	behind	hinten
día (el)	jour/journée	day	Tag
diablo (el)	diable	devil	Teufel
dibujar	dessiner	to draw	zeichnen
dibujo (el)	dessin	drawing	Zeichnen
dinero (el)	argent	money	Geld
dios (el)	dieu	god	Gott
dirección (la)	direction	direction	Richtung
directo	direct	direct	gerade

nivel

discusión (la)	discussion	discussion	Diskussion
diseñador-a (el/la)	styliste	fashion designer	Designer
distribuir	distribuer	to distribute	verteilen
dolor (el)	douleur	pain	Schmerz
dormir	dormir	to sleep	schlafen
durante	pendant	during	während

E

edificio (el)	édifice	building	Gebäude
embarque (el)	embarquement	boarding	Einsteigen (Flugzeug)
emoción (la)	émotion	emotion	Gemütsbewegung
empezar	commencer	to start	anfangen
encender	allumer	to switch on	anmachen
encima	dessus	on top	oben
encontrar	trouver	to find	finden
energía (la)	énergie	energy	Energie
enfermo/a (el/la)	malade	sick	krank
enfermero/a (el/la)	infirmière	nurse	Krankenpfleger/in
enigma (el)	énigme	enigma	Rätsel
enorme	énorme	enormous	riesig
enseñar	montrer	to show	zeigen
entender	comprendre	to understand	verstehen
enterrado/a	enterré	buried	begraben
entonces	alors/donc	then, so	damals
entrar	entrer	to come in	hereinkommen
enviar	envoyer	to send	senden
escaneado	scanné	scanned	gescannt
escayola (la)	plâtre	plaster cast	Gips
escolar	scolaire	school	Schul...
escondido/a	caché	hidden	versteckt
escribir	écrire	to write	schreiben
escuchar	écouter	to listen to	anhören
espacio (el)	espace	space	Raum
espalda (la)	dos	back	Rücken
especie (la)	espèce	species	Art
esperar	attendre	to wait for	warten
espíritu (el)	esprit	spirit	Geist, Seele
esqueleto (el)	squelette	skeleton	Skelett
estación (la) de tren	gare	train station	Bahnhof
estatua (la)	statue	statue	Statue
estrella (la)	étoile	star	Stern
estudiante (el/la)	étudiant	student	Student, Schüler
estudiar	étudier	to study	studieren, lernen
estupendo	magnifique	awesome	toll
etiqueta (la)	étiquette	tag	Etikette
evaporarse	s'évaporer	to evaporate, to vanish	verfliegen

exagerado/a	exagéré	exaggerated	übertrieben
examinar	examiner	to examine	prüfen
excursión (la)	excursion	excursion	Ausflug
experiencia (la)	expérience	experience	Erfahrung
explicar	expliquer	to explain	erklären
extranjero/a (el/la)	étranger	foreigner	Ausländer

F

fácil	facile	easy	einfach
facturar la maleta	enregistrer	to check in (luggage)	Gepäck aufgeben
fantasma (el)	fantôme	ghost	Gespenst
fantástico/a	fantastique	fantastic	phantastisch
febrero	février	february	Februar
feliz	heureux	happy	glücklich
firma (la)	signature	signature	Unterschrift
fisioterapeuta (el/la)	kinésithérapeute	physical therapist	Physiotherapeut
fluido (el)	fluide	fluid	fig. Durchströmen von Energie
frágil	fragile	fragile	zerbrechlich
frío/a	froid	cold	kalt
fuera	dehors/hors	outside	außen
fuerte	fort	strong	stark
funcionar	fonctionner	to function, to work	funktionieren

G

gato/a (el/la)	chat	cat	Katze
gente (la)	gens	people	Leute
gesto (el)	geste	gesture	Geste
gigante (el)	géant	giant	Riese
girar	tourner	to turn	umdrehen
glorieta (la)	rotonde	rotary, traffic circle	Kreisverkehr
golpecito (el)	petit coup	gentle hit	kleiner Schlag
grado (el)	degré	degree	Grad
gritar	crier	to shout	schreien, rufen
gustar	plaire, aimer	to be pleasing, to like	gefallen

H

habitación (la)	chambre	room	Zimmer
hacia	vers	towards	gegen, nach
hasta	jusqu'à	until	bis
hermano/a (el/la)	frère, soeur	brother, sister	Bruder, Schwester
hermoso/a	beau	beautiful	schön
hijo/a (el/la)	fils, fille	son, daughter	Sohn, Tochter
hora (la)	heure	hour	Stunde
horario (el)	horaire	schedule	Stundenplan
horrible	horrible	horrible	schrecklich
horror (el)	horreur	horror	Abscheulichkeit

hueso (el)	os	bone	Knochen

I

idea (la)	idée	idea	Idee
idioma (el)	langue vivante	language	Sprache
igual	pareil	identical, same	gleich
imaginativo/a	imaginatif	imaginative	einfallsreich
impaciente	impatient	impatient	ungeduldig
importante	important	important	wichtig
imposible	impossible	impossible	unmöglich
impresión (la)	impression	impression	Eindruck
impresionante	impressionnant	impressive	beeindruckend
indicar	indiquer	to indicate	zeigen
información (la)	information	information	Auskunft
inmediatamente	immédiatement	immediatly	sofort
inquieto/a	inquiet	worried	unruhig
insignia (la)	insigne	emblem	Abzeichen
instituto (el)	lycée	high school	Gymnasium
instrumento (el)	instrument	instrument	Instrument
intercambio (el)	échange	exchange	Austausch
interesante	intéressant	interesting	interessant
intérprete (el/la)	interprète	interpreter	Dolmetscher
intervenir	intervenir	to intervene	einschalten
inventar	inventer	to invent	erfinden
investigación (la)	recherche	investigation	Forschung
invierno (el)	hiver	winter	Winter
ir	aller	to go	gehen
isla (la)	île	island	Insel
itinerario (el)	itinéraire	itinerary	Reiseplan
izquierda (la)	gauche	left	Links

J

jardín (el)	jardin	garden	Garten
joven (el/la)	jeune	young	Jugendlicher
jugar	jouer	to play	spielen
juntos	ensemble	together	zusammen
jurar	prêter serment	to swear	schwören

L

lado (el)	côté	side	Seite
leer	lire	to read	lesen
lejos	loin	far	weit
lengua (la)	langue	language	Sprache
letra (la)	lettre	letter	Buchstabe
levantar	lever	to get up	aufstehen
libre	libre	free	frei
libro (el)	livre	book	Buch
línea (la)	ligne	line	Reihe
llamar	appeler	to call	jmdn./etw. rufen

llegar	arriver	to arrive	ankommen
llenar	remplir	to fill	ausfüllen
llevar	emmener	to bring, to take	bringen, tragen
luchar	lutter	to fight	kämpfen
luego	ensuite	then	nachher
lugar (el)	lieu	place	Ort
lunes (el)	lundi	Monday	Montag

M

magia (la)	magie	magic	Zauberei
mágico/a	magique	magical	zauberhaft
maleta (la)	valise	suitcase	Koffer
malo/a	méchant/mauvais	bad, mean	schlecht
mandar a alguien	commander	to command	befehlen
manera (la)	manière	manner, way	Art
mano (la)	main	hand	Hand
manta (la)	couverture	blanket	Decke
mañana (la)	demain/ matin	morning/tomorrow	Morgen, Vormittag
mar (el)	mer	sea	Meer, See
marca (la)	marque	brand	Marke
Marruecos	Maroc	Morocco	Marokko
marzo	mars	march	März
maullar	miauler	to meow	miauen
mayúscula (la)	majuscule	capital letter	Großbuchstabe
médico (el/la)	médecin	doctor	Arzt
mes (el)	mois	month	Monat
mesa (la)	table	table	Tisch
meter	mettre	to put	stecken
miedo (el)	peur	fear	Angst
mirar	regarder	to look at	schauen
mismo/a	même	same	selbst
misterio (el)	mystère	mystery	Geheimnis, Mysteriun
mixto/a	mixte	coeducational	gemischt
mochila (la)	sac à dos	backpack	Rucksack
mover	bouger	to move	bewegen
mundo (el)	monde	world	Welt
museo (el)	musée	museum	Museum

N

nada	rien	nothing	nichts
nadie	personne	no one	niemand
naturaleza (la)	nature	nature	Natur
necesitar	avoir besoin de	to need	brauchen
negativo/a	négatif	negative	negativ
nervioso/a	nerveux	nervous	nervös
noche (la)	nuit	night	Nacht
nota (la)	note	note	Schulnoten
novedad (la)	nouveauté	novelty	Neuheit

noviembre	novembre	november	November
nuevo/a	nouveau	new	neu
número (el)	numéro	number	Zahl
nunca	jamais	never	niemals

O

obedecer	obéir	to obey	gehorchen
objetivo (el)	objectif	objective	Ziel
observar	observer	to observe	Beobachten
obtener	obtenir	to obtain	bekommen
océano (el)	océan	ocean	Ozean
ocupar	occuper	to fill (time)	(Zeit) beanspruchen
ofrecer	offrir	to offer	anbieten
oír	entendre	to hear	hören
ojo (el)	oeil	eye	Auge
olor (el)	odeur	smell	Geruch
olvidar	oublier	to forget	vergessen
onda (la)	onde	wave	Welle
ordenado/a	ordonné	organized	ordentlich
ordenador (el)	ordinateur	computer	Computer
organismo (el)	organisme	organism	Organismus
oscuro/a	obscur	dark	dunkel
otoño (el)	automne	automn, fall	Herbst

P

padres (los)	parents	parents	Eltern
país (el)	pays	country	Land
parar	arrêter	to stop	anhalten, stoppen
parque (el)	parque	park	Park
pasear	promener	to walk, to take a walk	spazierengehen
patio (el)	cour	courtyard, playground	Schulhof
película (la)	film	film, movie	Film
peligro (el)	danger	danger	Gefahr
pelo (el)	cheveux	hair	Haar
péndulo (el)	pendule	pendulum	Pendel
península (la)	péninsule	peninsula	Halbinsel
pensar	penser	to think	denken
pequeño/a	petit	little, small	klein
perder	perdre	to loose	verlieren
permiso (el)	permission	permission	Erlaubnis
piedra (la)	pierre	stone	Stein
pierna (la)	jambe	leg	Bein
pino (el)	pin	pine (tree)	Pinie
pirámide (la)	pyramide	pyramid	Pyramide
pirata (el/la)	pirate	pirate	Seeräuber, Pirat
pista (la)	piste	track	Spur

plano (el)	plan	map	Plan
poco	peu	little (few)	wenig
poder	pouvoir	can	können, dürfen
policía (el/la)	policier	police, police officer	Polizei, Polizist
poner	mettre	to put	setzen, stellen
portátil (el ordenador)	portable (ordinateur)	lap top	Laptop
preciosa (la piedra)	précieux	precious	Edelstein
preparar	préparer	to prepare	vorbereiten
primavera (la)	printemps	spring	Frühling
primo/a (el/la)	cousin	cousin	Vetter, Kusine
pronunciar	prononcer	to pronounce	aussprechen
proteger	protéger	to protect	schützen
protestar	protester	to protest	protestieren
proyecto (el)	projet	plan, project	Entwurf, Projekt
prudente	prudent	careful	vernünftig
pueblo (el)	village	village	Dorf
puerta (la)	porte	door	Tür

Q

querer	vouloir/aimer	to want/ to love	wollen, mögen
quitar	enlever	to take off	nehmen, wegnehmen

R

rápido	rapide	quick	schnell
reaccionar	réagir	to react	reagieren
realidad (la)	réalité	reality	Wirklichkeit
recibir	recevoir	to receive	hier: empfangen
reconocer	reconnaître	to recognize	erkennen
recordar	se rappeler	to remember	erinnern
recuerdo (el)	souvenir	memory, souvenir	Souvenir
red (la)	net, toile	net	Internet
regalo (el)	cadeau	gift, present	Geschenk
reír	rire	to laugh	lachen
relación (la)	relation	relationship	Beziehung
religioso/a	croyant	religious	religiös
repetir	répéter	to repeat	wiederholen
reportaje (el)	reportage	article	Bericht
resolver	résoudre	to resolve	auflösen
reunión (la)	réunion	meeting	Versammlung
revista (la)	revue	magazine	Zeitschrift
rico/a (el/la)	riche	rich	reich
río (el)	fleuve	river	Fluss
ropa (la)	vêtement	clothes	Kleidung
roto/a	cassé	broken	kaputt
ruido (el)	bruit	noise	Lärm
ruina (la)	ruine	ruin	Ruine
ruta (la)	route	road	Weg, Route

S

saber	savoir	to know	wissen
sacar (algo)	prendre	to take out	herausnehmen
sacerdote (el)	curé	priest	Priester
sagrado/a	sacré	sacred	heilig
sala (la) de embarque	salle d'embarquement	boarding gate lounge	Einstiegshalle
salir	sortir	to go out	herausgehen
salón (el)	salon	living room	Saal, Wohnzimmer
saltar	sauter	to jump	springen
salvar	sauver	to save	retten
secreto/a	secret	secret	Geheimnis
seguir	continuer	to follow	folgen, ~weiter
seguro/a	sûr	sure	sicher
semáforo (el)	feu tricolore	traffic light	Verkehrsampel
semana (la)	semaine	week	Woche
sentido (el)	sens	sense	Sinn
sentir	sentir	to feel	fühlen
serio/a	sérieux	serious	ernsthaft
serpiente (la)	serpent	snake	Schlange
seudónimo (el)	pseudonyme	pseudonym	Pseudonym
siglo (el)	siècle	century	Jahrhundert
significado (el)	sens	meaning	Bedeutung
siguiente	suivant	next	nächste
símbolo (el)	symbole	symbol	Symbol
sino	mais	but	sondern
sofá (el)	sofa	sofa	Sofa
sol (el)	soleil	sun	Sonne
solucionar	résoudre	to solve	lösen
sonreír	sourire	to smile	lächeln
soñar	rêver	to dream	träumen
sorprender	surprendre	to surprise	überraschen
sorpresa (la)	surprise	surprise	Überraschung
sueño (el)	rêve	dream	Traum
suerte (la)	chance	luck	Glück
superioridad (la)	supériorité	superiority	Überlegenheit
suspirar	soupirer	to sigh	seufzen

T

tarde (la)	après-midi	afternoon	Nachmittag, spät
tarjeta (la) de embarque	carte d'embarquement	boarding pass	Bordkarte
teatro (el)	théâtre	theatre	Theater
temperatura (la)	température	temperature	Temperatur
tener	avoir	to have	haben
terrible	terrible	terrible	schrecklich
tesoro (el)	trésor	treasure	Schatz

tiempo (el)	temps	time	Zeit
tierra (la)	terre	ground, earth	Grund
tocar (un objeto)	toucher	to touch	berühren
tomate (el)	tomate	tomato	Tomate
tontería (la)	bêtise	foolishness, nonsense	Dummheit
tonto/a	bête	dumb, stupid	dumm
trabajo (el)	travail	work	Arbeit
transformar	transformer	to turn into	umwandeln
tristeza (la)	tristesse	sadness	Traurigkeit
tronco (el)	tronc	trunk (of a tree)	Baumstamm
tumba (la)	tombe	tomb	Grab
turista (el/la)	touriste	tourist	Tourist

U

último/a	dernier	last	letzte
único/a	unique	unique	einzig
urgentemente	urgemment	urgently	dringend
usar	utiliser	to use	benutzen

V

vacaciones (las)	vacances	holiday, vacation	Urlaub
vacío/a	vide	empty	leer
vacuna (la)	vaccin	vaccine	Impfung
veces (vez) las	fois/ parfois	time(s)	n-mal
venir	venir	to come	kommen
ver	voir	to see	sehen
verano (el)	été	summer	Sommer
verdad (la)	vérité	truth	Wahrheit
verde	vert	green	grün
verja (la)	grille	gate	Gitter
vestir	s'habiller	to dress	kleiden
veterinario/a (el/la)	vétérinaire	veterinary	Tierarzt
viajar	voyager	to travel	reisen
viaje (el)	voyage	trip	Reise
vida (la)	vie	life	Leben
vigilar	surveiller	to keep watch	bewachen
vivir	vivre	to live	leben
volver	revenir/retourner	to go back	zurückgehen
voz (la)	voix	voice	Stimme
vuelo (el) avión	vol (d'avion)	flight	Flug

Z

zona (la)	zone	zone	Zone

GUÍA DE LECTURA

Capítulo 1 — *Un enigma difícil*

Comprensión lectora
Señala las afirmaciones exactas.
1. Rocío colecciona fotos.
2. Andrés tiene ya 50 fotos.
3. Los chicos tienen que resolver el enigma de las cuevas.
4. Ven una casa abandonada y entran en ella.
5. Los chicos miran por internet la ciudad de Valladolid en México.
6. «La serpiente emplumada» es un símbolo mexicano.
7. El dios más importante de la civilización azteca es Quetzalcoatl.
8. Rocío y Juan van a trabajar sobre la carta con palabras borradas.

Usos de la lengua
Hay o *hace.*
1. Escoge la respuesta correcta.
Hay / hace mucho tiempo. > *Hace* mucho tiempo.
  a. *Hace / Hay* tres días que no abro el ordenador.
  b. *Hace / Hay* tres personas que conozco.
  c. *Hace / Hay* dos semanas que llueve.
  d. *Hace / Hay* quince años que ha estado en México.
  e. *Hace / Hay* muchas personas.

2. Completa la frase con *mucho, a, os, as.*
Hay … gente en la calle. > Hay *mucha* gente en la calle.
  a. ¡Vamos a comer! Tengo ……. hambre.
  b. Andrés tiene ……. fotos.
  c. En invierno hace ……… frío en Valladolid.
  d. Sabemos …….. cosas.
  e. Los tres tienen …… problemas.

Capítulo 2 / *El péndulo*

Comprensión lectora
Escoge la respuesta correcta.
1. Los padres de Rocío le han dejado:
    a. un portátil.
    b. un MP4.
    c. un móvil.

2. Juan y Rocío buscan dónde está Amancio:
    a. por internet.
    b. con un péndulo.
    c. con la guía de teléfonos.

3. Según Rocío, el péndulo se mueve:
    a. por el viento.
    b. por el fluido de la persona que lo usa.
    c. por el movimiento de la mano.

Usos de la lengua
1. Completa con *hacia* o *hasta*.
Mira … la puerta. > Mira *hacia* la puerta.
El tren va ……. Valladolid solamente. > El tren va *hasta* Valladolid solamente.
    a. Te espero …… las cinco. Luego me voy.
    b. Da la vuelta y mira ……… aquí.
    c. No me levanto …… las ocho.
    d. Los ríos corren …….. el mar.
    e. Este autobús va solo ……. la Plaza Mayor. Después hay que andar un poco.

2. Transforma la frase.
Oímos el teléfono. > *Se oye* el teléfono.
    a. No podemos entrar.
    b. Comemos muy bien.
    c. Dormimos mucho tiempo.
    d. Primero miramos el plano.
    e. No entendemos lo que dice.

Capítulo 3 / *El misterio de la carta*

Comprensión lectora

1. Contesta a las preguntas.
   1. ¿Qué ha hecho Andrés en primer lugar para descifrar la carta?
   2. ¿Y después?
   3. ¿Qué palabra descubre Rocío que está mal escrita?
   4. ¿Qué es una «firma»?

2. Señala las afirmaciones exactas.
   1. Andrés descifra la carta con facilidad.
   2. No se pueden leer claramente los nombres.
   3. Hay una serie de palabras sin relación entre ellas.
   4. Una palabra que falta es ACÁ y no AQUÍ porque son latinoamericanos.
   5. Amancio dice que ha encontrado un tesoro.
   6. No pueden descifrar la firma de la carta.

Usos de la lengua

1. Pon en plural las palabras siguientes.
   Feliz. > Felices.
   a. Investigación
   b. Inteligente
   c. Valor
   d. Actriz
   e. Joven
   f. Papel

2. Busca el infinitivo de los verbos.
Ha aumentado el tamaño de las letras. > Aumentar.
   a. *Ha escrito* en mayúscula.
   b. *Ha dejado* espacios en blanco.
   c. *Ha consultado* un programa.
   d. *Ha vuelto* a México.
   e. *He encontrado* un tesoro.
   f. *Nos lo ha dicho* Enrique.

Capítulo 4

El secreto de Juan

Comprensión lectora

1. Contesta a las preguntas.

1. ¿Qué noticia les da Andrés a sus amigos?
2. ¿Dónde piensa Juan que los va a llevar el padre de Andrés?
3. ¿Qué estilo tiene el Campo Grande de Valladolid?
4. ¿Cuántas especies de árboles hay en este jardín?
5. ¿Qué le pasa a Juan?
6. ¿Adónde lo llevan?
7. ¿Por qué dice Rocío que ahora va a ser su enfermera?

2. Verdadero o falso.

	V	F
1. Martín es tío de Juan.	☐	☐
2. Andrés ha descubierto la palabra de la carta que falta.	☐	☐
3. Juan se ha roto una pierna.	☐	☐
4. Juan va a llevar una escayola.	☐	☐
5. Rocío explica a los chicos qué es un «chamán».	☐	☐

Usos de la lengua.

1. Transforma las frases.

Estamos llegando. > Llegamos.

a. Están dándose besos.
b. Están riéndose.
c. Estamos durmiendo.
d. Está comiendo.
e. Estáis jugando.

2. Transforma las frases.

Estás *muy guapo.* > ¡Qué *guapísimo* estás!

a. Está muy lejos.
b. Llegas muy pronto.
c. Son muy grandes.
d. Sois muy divertidos.
e. Es muy difícil.

Capítulo 5 — *Intercambio escolar*

Comprensión lectora
Escoge la respuesta correcta.

1. Los tres chicos estudian:
   - a. en el mismo colegio.
   - b. en el mismo instituto.
   - c. en un instituto y en un colegio.

2. El proyecto cultural que les proponen es para visitar:
   - a. toda América Latina.
   - b. los países de América del Sur.
   - c. tres zonas de Hispanoamérica.

3. A los padres, el intercambio escolar:
   - a. no les gusta.
   - b. les gusta mucho.
   - c. les parece peligroso.

4. En la reunión informativa, los familiares preguntan sobre:
   - a. los aspectos culturales del viaje.
   - b. el precio que va a costar el viaje.
   - c. la responsabilidad de los organizadores.

5. ¿Qué pregunta hace en la reunión la abuela de un chico?
   - a. Si los chicos y las chicas van a estar en las mismas habitaciones.
   - b. Si tienen que vacunarse.
   - c. Si las habitaciones son muy pequeñas.

Usos de la lengua
1. Transforma las frases.
Cuando salen los chicos, se van a pasear. > *Al salir* los chicos se van a pasear.

   - a. Cuando llegamos a casa, merendamos y estudiamos.
   - b. Cuando lo ven venir, se ríen.
   - c. Cuando dibuja, Juan imagina cosas que no ha visto.
   - d. Cuando aparece Andrés, todos le hacen preguntas.
   - e. Cuando los chicos entran en casa, ellas vienen corriendo.

2. Pon en plural los pronombres.
¿Te han hablado del proyecto? > *¿Os han hablado* del proyecto?
 a. Me ha escrito Amancio.
 b. Le ha abierto la puerta.
 c. Te ha hecho una pregunta muy difícil.
 d. Le ha explicado el itinerario del viaje.
 e. Me ha dado muchos besos.

Capítulo 6 / *El pasaporte de Rocío*

Comprensión lectora
Contesta a las preguntas.
 1. ¿Qué estación va antes de la primavera?
 2. ¿Qué saca Rocío de la mochila?
 3. ¿Dónde se cae su pasaporte?
 4. ¿Qué hacen entonces ella y Andrés?
 5. ¿Y qué hace mientras Juan?
 6. ¿Qué descubren?
 7. ¿Por qué no quiere Rocío tener un móvil?
 8. ¿Qué van a hacer los padres de Rocío esa noche?
 9. ¿Qué hace Rocío con su hermanita Teresa?
10. ¿Qué sueña?
11. ¿Quién despierta a Rocío de su mal sueño?

Usos de la lengua
1. Transforma las frases.
Te quedas ahí. > *Quédate* ahí.
 a. Te llevas el pasaporte.
 b. Te subes a la verja.
 c. Te esperas aquí.
 d. Te vas de vacaciones.
 e. Te sientas en el sofá.

2. Transforma las frases sustituyendo el sustantivo por un pronombre.
Rocío le quiere coger el pasaporte. > *Rocío se lo quiere coger.*
 a. Le doy la mochila.
 b. Le escribo una carta.
 c. Le enseño las fotos.
 d. Le hago unos dibujos.
 e. Le leo un poema.

Capítulo 7 *Últimas horas en España*

y

Capítulo 8 *En ruta para México*

Comprensión lectora
Contesta a las preguntas.
1. ¿De qué están hablando los chicos al principio del capítulo?
2. ¿Por qué está descontenta *Más*?
3. ¿Qué recomendaciones da Rocío a su madre?
4. ¿Cómo llega el grupo al aeropuerto de Madrid?
5. ¿Qué hacen en el aeropuerto los profesores que les acompañan?
6. ¿Por qué Rocío tiene que abrir su mochila al pasar el escáner?
7. ¿Cómo se viste Rocío en la sala de embarque?
8. ¿De qué hablan Juan y Rocío en el avión?
9. ¿Cuánto dura el vuelo?
10. ¿En qué aeropuerto van a aterrizar?

Usos de la lengua
1. Escoge la respuesta correcta.
No vamos en autobuses, (sino / pero) en «camiones». >
No vamos en autobuses, *sino* en «camiones».
    a. No van a ir solos, (pero, sino) con todo el grupo.
    b. Tienen poco dinero, (pero, sino) compran muchas cosas.
    c. No solo no estudias en clase, (pero, sino) que hablas mucho.
    d. Tenéis sueño, (pero, sino) no podéis dormir.
    e. No es de oro, (pero, sino) se parece mucho al oro.

2. Transforma las frases y cambia de número.
Soy tonta. > ¡*Qué tonta soy*!
¡*Qué tontas somos*!
    a. Decís tonterías.
    b. Cuenta cosas.
    c. Estas loco.

1.ª edición: 2009
10.ª impresión: 2021

© Edelsa Grupo Didascalia S.A.

Autor: Alonso Santamarina
Dirección y coordinación editorial: Departamento de Edición de Edelsa
Diseño de cubierta: Departamento de Imagen de Edelsa
Maquetación: Estudio Grafimarque
Ilustraciones: Ángeles Peinador
Fotografías: Archivo Edelsa

ISBN: 978-84-7711-703-2
Depósito legal: M-1871-2012
Impreso en España /Printed in Spain.

Cualquier forma de reproducción de esta obra solo puede ser realizada con la autoriza-
ción de la editorial, salvo excepción prevista por la ley. Diríjase a CEDRO (Centro
Español de Derechos Reprográficos, www.cedro.org) si necesita fotocopiar o escanear
algún fragmento de esta obra.